Como tener un huerto orgánico en casa

Técnicas y consejos para el cultivo en casa

Carlos E. Zerauj

Como tener un huerto orgánico en casa
Técnicas y consejos para el cultivo en casa

Carlos E. Zerauj

Como tener un huerto orgánico en casa Técnicas y consejos para el cultivo en casa

gustavo espinosa juarez

Published by gustavo espinosa juarez, 2020.

While every precaution has been taken in the preparation of this book, the publisher assumes no responsibility for errors or omissions, or for damages resulting from the use of the information contained herein.

COMO TENER UN HUERTO ORGÁNICO EN CASA TÉCNICAS Y CONSEJOS PARA EL CULTIVO EN CASA

First edition. September 9, 2020.

Copyright © 2020 gustavo espinosa juarez.

ISBN: 978-1393680062

Written by gustavo espinosa juarez.

Tabla de Contenido

- TABLA DE CONTENIDO 1
- INTRODUCCIÓN 3
- ¿Por qué UN JARDÍN ORGÁNICO? 5
- EL RIESGO DE QUÍMICOS 9
- ¿QUÉ ES HUERTO ORGANICO? 15
- PLANIFICACIÓN DE SU JARDÍN 17
- Si el suelo LISTO 21
- Plantación del JARDÍN 25
- ARRANQUE semillas en el interior 29
- Control de esas malas hierbas 33
- El control de plagas 39
- Aerosoles y polvos 41
- ANIMALES Y FALLOS 45
- Plagas comunes de jardín 47
- Como hacer propia composta 55
- Cuidar el jardín 61
- INVERNANTES SU JARDÍN 69
- Recetas para su jardín orgánico 71
- CONCLUSIÓN 75

TABLA DE CONTENIDO

GUSTAVO ESPINOSA JUAREZ

Introducción 3
    ¿Por qué jardín orgánico? 4
    El riesgo de sustancias químicas 7
    ¿Qué es un huerto orgánico? 11
    Planificación de su jardín 12
    Consiguiendo el suelo listo 14
    Plantar su jardín 17
    A partir de semillas en el interior 19
    El control de las malezas 22
    Controlando las plagas 26
    Común Jardín plagas 30
    La fabricación de su propia composta 36
    tendiendo el jardín 40
    Invernada su jardín 46
    Recetas para su jardín orgánico 46
    Fertilizante orgánico 46
    El control de los parásitos ajo aerosol 47
    Aceite latente 48
    El jabón insecticida hecha en casa 49
    De uso múltiple Parásito aerosol de control 49
    Jugo de insectos 49
    Conclusión 50

INTRODUCCIÓN

Para algunas personas, la jardinería es una pasión. Algunas personas con jardín a sólo lo toman como un hobby. Para otros aún, es una manera de alimentar a sus familias. Creemos que el personaje de Shirley MACCLAINE en "Magnolias de acero" dijo mejor. "Porque eso es lo que hacen las mujeres del Sur - nos ponemos sombreros divertidos y hacer crecer las cosas en la tierra."

Usted no tiene que ser desde el Sur o ser una mujer, o incluso usar un sombrero divertido para disfrutar de la jardinería. La emoción de ver su primer tomate rojo maduro o viendo su primera tallo de maíz salir de la tierra puede ser una experiencia increíble para muchas personas.

La jardinería es también una gran manera de proporcionar alimentos saludables para usted y sus seres queridos. Al comprar productos de la tienda, sólo que no es lo mismo que la presentación de una ensalada a su familia que vino exclusivamente de su jardín y que trabajó por sus propias manos.

Muchas personas optan por casas de campo para que puedan tener control sobre qué tipo de alimentos que consumen sin temor a productos químicos o conservantes.

A menudo, los productos cultivados comercialmente se cultiva en invernaderos con el uso de pesticidas y productos químicos para mejorar su crecimiento.

Un estudio rápido en este tipo de aplicaciones artificiales puede ser desconcertante para cualquier persona. Los efectos secundarios de los pesticidas químicos en el cuerpo humano realmente pueden pasar factura.

Así que muchas personas se están subiendo al "carro orgánico" como una manera de reducir al mínimo los riesgos para ellos y sus seres queridos que a menudo viene con los alimentos preparados comercialmente.

Usted no tiene que ser un loco por la salud para abrazar la jardinería orgánica. Imaginar la maravillosa manera se sentirá sabiendo que están sirviendo a los alimentos que se cultivan con todo, naturalmente, sin los riesgos que provienen de la aplicación de fertilizantes y pesticidas químicos.

Es más fácil de lo que piensas. Si a usted le ha gustado la jardinería desde hace años o apenas está comenzando a producir su propio alimento, la jardinería orgánica puede proporcionarle tranquilidad y orgullo en su producto.

No tienen ninguna pista de cómo empezar? Es por eso que usted está leyendo este libro!

Vamos a explorar las ventajas de cultivar un huerto orgánico, así como la mejor manera de comenzar su jardín totalmente natural. Le daremos ideas sobre acolchado, control de malezas y el compostaaje. Además, le daremos algunas ideas sobre el control de plagas totalmente naturales y las formas de asegurarse de que su jardin prospera - sin productos químicos!

Vamos a comenzar nuestro viaje en "cultivar un huerto orgánico para principiantes"!

¿Por qué UN JARDÍN ORGÁNICO?

Tan reciente como hace 25 años, la idea de la jardinería orgánica se considera un concepto bastante radical. ¿Cómo el mundo se espera que los jardineros hagan para controlar las malas hierbas, los insectos y los animales que podrían amenazar a un jardín floreciente, sin el uso de productos químicos artificiales?

Cuando se piensa en ello, la jardinería orgánica es muy simple en teoría. Durante años, la gente ha estado creciendo las cosas sin el uso de productos químicos. Los primeros pobladores de nuestro país no tenían Miracle-Gro o Sevin polvo y lo hicieron bien.

Sólo tiene sentido que debemos ser capaces de aplicar las mismas técnicas y obtener los mismos resultados como lo hicieron hoy. Debemos cultivar alimentos utilizando ingredientes de la madre naturaleza en lugar de brebajes nacidos en el laboratorio de un químico para el bien de todos nosotros.

Pero el interés en la jardinería orgánica va más allá de los beneficios para nosotros y nuestras familias. Ha habido un aumento en el interés de la ecología y la preocupación por el medio ambiente que le ha dado nueva vida al renovado interés en esta forma de jardinería. Mediante el uso de minerales naturales y materiales, mediante el aprovechamiento de los depredadores naturales, y mediante el reciclaje de residuos de jardinería, el jardinero de la casa puede mantener un jardín orgánico con bastante éxito.

Hay muchas, muchas ventajas para la jardinería orgánica. Probablemente, ante todo, es que Alimento producido utilizando la agricultura orgánica es más nutritivo y más saludable.

A principios de agosto de 2001, la organización británica The Soil Association, informó que una revisión exhaustiva de las investigaciones existentes reveló diferencias significativas entre orgánica y los alimentos no orgánicos. Estas diferencias están relacionadas con la seguridad alimentaria, nutrientes primarios, secundarios y nutrientes a los resultados de salud de las personas que comen orgánicamente

La vitamina C y el contenido de materia seca son más altos, en promedio, en los cultivos cultivados orgánicamente a continuación, son en los cultivos no orgánicos.

El contenido de minerales también son mayores, en promedio, en cultivos orgánicos. Cultivan los alimentos contiene orgánicamente "concentraciones sustancialmente más altos de antioxidantes y otros compuestos que promueven la salud que los cultivos producidos con pesticidas

Mucha gente piensa que los alimentos cultivados orgánicamente tienen mejor sabor. Además, algunos alimentos cultivados sin pesticidas producen una mayor cantidad de un antioxidante que se ha encontrado para reducir el riesgo de algunos cánceres.

En general, sin embargo, la mayoría de las personas que disfrutan de la jardinería orgánica informan que el disfrute que obtienen es de suma importancia, para su decisión de evitar los productos químicos a favor de la ruta natural.

Muchas personas les gusta ver el germinado nuevo, como va creciendo, llega a la plena madurez y, como un bono, se llega a comer!

COMO TENER UN HUERTO ORGÁNICO EN CASA
TÉCNICAS Y CONSEJOS PARA EL CULTIVO EN CASA

Con la jardinería orgánica, se obtiene más verduras frescas. Naturalmente, mazorcas de maíz y los guisantes recién recogidos son especialmente notables, pero este rasgo se extiende a todos los vegetales que crecen en sí mismo, sobre todo bajo el método orgánico.

Un fenómeno observado por la mayoría de la gente cuando se cosecha sus primeros verduras, desde su primer jardín, es que todo el mundo se come mucho más de un vegetal de lo que comerían tienda comercial comprado.

Usted ahorrará dinero, no sólo por el crecimiento de su propia comida, pero incluso se puede hacer un poco de dinero extra en el lado de la venta de sus propios alimentos totalmente naturales, que son tan populares en las tiendas de comestibles en estos días.

Si ha enlatado todos los tomates que puede y aún así tener sobrantes, se puede tomar un poco más por el mercado del agricultor y vender sus tomates orgánicos a los demás, que no tienen la ventaja de su propio jardín.

Para cualquier jardinero que todavía no se ha convencido de la necesidad de casas de campo de manera orgánica, aquí hay algunas estadísticas que pueden ayudar a cambiar de opinión. En marzo de 2001, la Sociedad Americana del Cáncer publicó un informe que une el uso del herbicida glifosato (comúnmente vendido como Round-up) con un aumento de la probabilidad del 27% de contraer linfoma.

Universidad John Hopkins también reveló que los jardineros utilizan casi 10 veces más pesticidas por acre que el agricultor medio y que las enfermedades causadas por enfermedades del medio ambiente, la exposición a productos químicos, etc., es ahora la causa número uno de muerte en los EE.UU.

GUSTAVO ESPINOSA JUAREZ

Con la reciente introducción progresiva de la EPA de los pesticidas comunes como Dursban y diazinón, ahora estamos dando cuenta de que muchas de las sustancias químicas que pensamos que era "seguro" nunca fueron en realidad una prueba para ver cuál es su efecto en los niños, mujeres y ancianos podría ser. Ha llegado el momento de volver a evaluar nuestra dependencia de los plaguicidas.

Sin embargo, se le puede preguntar qué productos químicos son tan malo si hemos estado utilizando durante años y años?

EL RIESGO DE QUÍMICOS

Tenemos productos químicos en nuestro día a día vive en todas partes. Champú, pasta de dientes, muchos alimentos, incluso nuestra ropa todos los contienen o están fabricados con el uso de productos químicos.

Además de contaminar el medio ambiente, el uso de productos químicos puede ser mucho más amenazante.

Pero nos estamos concentrando en la jardinería y el uso de estos productos químicos en nuestros alimentos. Una de las formas prominentes productos químicos se utilizan en la producción de alimentos es a través de los fertilizantes químicos.

Los fertilizantes químicos son de acción rápida, productos para plantas de corto plazo y son responsables de:

1. El deterioro de la friabilidad del suelo creando capas duras de suelos
2. La destrucción de la vida del suelo beneficiosos, incluyendo las lombrices de tierra
3. Alterar el contenido de vitaminas y proteínas de ciertos cultivos
4. Hacer ciertos cultivos más vulnerables a las enfermedades
5. La prevención de las plantas de la absorción de algunos minerales necesarios.

El suelo debe ser considerado como un organismo vivo. Un fertilizante ácido, a causa de sus ácidos, se disuelve el material de cementación, compuesto de los cuerpos muertos de los organismos del suelo, que mantiene las partículas de roca juntos en forma de migas de suelo.

Esta capa de la superficie compacta de partículas de roca alienta el agua de lluvia a correr en lugar de entrar en el suelo.

Por ejemplo, un fertilizante altamente soluble, tal como 5-10-5, entra en solución en el agua del suelo rápidamente de manera que gran parte de ella se puede lixiviar de distancia en nuestra agua suelo sin beneficiar a las plantas en absoluto. Este producto químico hace que el suelo asuma una dureza similar al cemento. Cuando está presente en grandes concentraciones, se filtra en el subsuelo donde interactúan con la arcilla para formar capas impermeables de precipitados llamados capa dura.

Muchos fertilizantes químicos artificiales contienen ácidos, como ácido sulfúrico y clorhídrico, lo que aumentará la acidez del suelo. Los cambios en la acidez del suelo (pH) se acompañan de los cambios en los tipos de organismos que pueden vivir en el suelo. Por esta razón, algunas personas dicen a sus clientes para aumentar el contenido de materia orgánica de su suelo el uso de cal para compensar los efectos de estos ácidos de los fertilizantes artificiales.

Hay varias maneras en que los fertilizantes artificiales reducen la oxigenación de los suelos. Las lombrices cuyas perforaciones hacen el suelo más poroso, se mueren.

Los fertilizantes de ácido también destruyen el material de cementación de partículas de roca en migas. Fertilizantes químicos matan microorganismos del suelo.

Muchas enfermedades de las plantas ya se han comprobado considerablemente cuando las bacterias productoras de antibióticos u hongos prosperaron alrededor de las raíces.

COMO TENER UN HUERTO ORGÁNICO EN CASA
TÉCNICAS Y CONSEJOS PARA EL CULTIVO EN CASA

Cuando las plantas se suministran con mucho nitrógeno y sólo una cantidad media de fosfato, las plantas se contraerán más fácilmente infecciones. Se obtiene la resistencia del huésped si hay una pequeña cantidad de nitrógeno y una gran cantidad de fosfato. Hongos y enfermedades bacterianas se han relacionado con alta fertilización de nitrógeno, y la falta de elementos traza.

Las plantas cultivadas con fertilizantes químicos artificiales suelen tener un valor menor de nutrientes que las plantas de cultivo ecológico. Por ejemplo, varias pruebas han encontrado que mediante el suministro de frutas cítricas con una gran cantidad de nitrógeno soluble reducirá el contenido de vitamina C de las naranjas.

También se ha encontrado, que estos fertilizantes que proporcionan nitrógeno soluble reducirán la capacidad del maíz para producir alto contenido de proteínas.

Probablemente la deficiencia más regularmente observado en las plantas tratadas continuamente con fertilizantes químicos es deficiencias de minerales traza.

Para explicar este principio significará profundizar en un poco de física y química, pero, a continuación, ver fácilmente la nutrición desequilibrada creada en plantas fertilizadas químicos.

Las partículas coloidales de tierra son los convoyes que transfieren la mayor parte de los minerales de la solución del suelo a la raíz. Cada partícula tierra está cargado negativamente y será, atraer los elementos positivos, tales como potasio, sodio, calcio, magnesio, manganeso, aluminio, boro, hierro, cobre y otros metales.

Cuando el nitrato de sodio se descarga en el suelo después de años y años, en grandes dosis, un cambio radical se lleva a cabo en los artículos de tierra.

Los muy numerosos iones de sodio (partículas atómicas) finalmente desplazan a los otros iones, por lo que prácticamente no queda disponible para las plantas. La tierra se recubre con el sodio, saturando los pelos de la raíz con el exceso. Por último, la planta es incapaz de recoger los minerales que realmente necesita.

Así, con los fertilizantes químicos, en definitiva, tiene resultados en tiempo corto y largo plazo daños al suelo, aguas subterráneas y para nuestra salud.

Otra razón para evitar el uso de productos químicos y pesticidas es que el uso a largo plazo de tales productos químicos puede agotar el suelo y dejarlo incapaz de sostener un mayor crecimiento.

En muchos casos camas de plantas perennes repente parada en flor sin razón aparente, y el culpable se encuentra a menudo a ser el uso excesivo de fertilizantes químicos, herbicidas y pesticidas.

Los productos químicos que se aplican a las plantas a menudo pueden filtrarse en el suministro de agua contaminándola.

Si bien es cierto, el agua potable pasan por un proceso de filtración, se ha demostrado que este proceso no elimina todos los contaminantes dañinos.

También se ha demostrado que ciertos productos químicos pueden causar enfermedades, defectos de nacimiento y otros problemas de salud peligrosos.

Todo lo que uno tiene que hacer es ver la película "Erin Brockovich" para ver lo que la contaminación química del agua puede hacer para un cuerpo.

COMO TENER UN HUERTO ORGÁNICO EN CASA
TÉCNICAS Y CONSEJOS PARA EL CULTIVO EN CASA

Los consumidores se preocupan por los mataderos sucios, E-coli, salmonella y la contaminación fecal.

El CDC estima que 76 millones de dólares estadounidenses sufren envenenamiento de alimentos cada año. Hay casos de carne orgánica, aves o productos lácteos que desencadenó una brote de intoxicación alimentaria en el Estados Unidos no documentados.

Los consumidores también están preocupados por las aguas residuales tóxicas utilizadas como fertilizante en las granjas convencionales. La agricultura orgánica prohíbe el uso de lodos de depuracion.

Se preocupan por ingredientes alimenticios genéticamente no probados y no marcados en artículos de supermercados comunes.

Ingredientes de ingeniería genética se encuentran ahora en 60 por ciento a 75 por ciento de todos nuestros alimentos.

Aunque las encuestas indican un 90 por ciento de los estadounidenses quieren etiquetas de los alimentos alterados genéticamente, gobierno y la industria de basuras a la etiqueta. La producción ecológica prohíbe la ingeniería genética.

Comer orgánicos elimina, o minimiza, el riesgo de intoxicación de metales pesados que se encuentran en los lodos de aguas residuales, las incógnitas de alimentos modificados genéticamente, la ingestión de residuos de hormonas, y la exposición a cepas de bacterias mutantes. También reduce la exposición a los residuos de insecticidas y fungicidas.

Los residuos de pesticidas potencialmente cancerígenos se quedan atrás en algunas de nuestras frutas y verduras favoritas.

En 1998, la FDA encontró residuos de plaguicidas en más del 35 por ciento de la comida probado. Muchos de nuestros productos han probado ser más tóxicos que los de otros países.

Lo peor es que las normas actuales de plaguicidas en los alimentos todavía no incluyen una protección específica para los fetos, lactantes o niños pequeños a pesar de importantes cambios en las leyes federales de plaguicidas en 1996 que requieren este tipo de reformas.

Sin duda, hay mas interés en la población humana para evitar los productos químicos en los alimentos, pero también es mejor para nuestro planeta.

Los productos químicos pueden afectar el suelo por lo que es menos fértil. Destruyen partes importantes del ecosistema natural.

Todas las plantas y animales sirven algún tipo de objetivo - incluso si ese propósito no es especialmente evidente.

Al tomar estos componentes fuera del ciclo de vida natural, estamos poniendo en peligro nuestro medio ambiente en formas que no necesariamente se puede ver directamente, pero que el peligro está ahí.

Así se hace evidente que el crecimiento de su alimento natural es el mejor camino a seguir.

Tomemos un momento y ver qué es exactamente la jardinería orgánica.

¿QUÉ ES HUERTO ORGANICO?

Muchos jardineros se preguntan qué es exactamente medios de jardinería orgánica. La respuesta simple es que los jardineros orgánicos no utilizan fertilizantes o pesticidas sintéticos en sus plantas. Pero la jardinería orgánica es mucho más de lo que no lo hace.

Cuando usted cultiva un huerto orgánico, se piensa en sus plantas como parte de todo un sistema dentro de la naturaleza que se inicia en el suelo e incluye el suministro de agua, las personas, la fauna y los insectos.

Se esfuerza el jardinero orgánico para trabajar en armonía con los sistemas naturales y reducir al mínimo y continuamente reponer los recursos que consume el jardín.

La jardinería orgánica opera en el concepto de reciclaje. Utiliza los desechos animales, desechos de la cocina, y los residuos vegetales para mantillo y compostaa. Va a utilizar los elementos comunes de la casa como el vinagre y jabón para evitar que las plagas y malas hierbas.

Los productores orgánicos se basan en el desarrollo de un suelo sano, fértil y el crecimiento de una mezcla de cultivos. Genéticamente (GM) y los ingredientes modificados no están permitidos bajo las normas orgánicas.

La jardinería orgánica es la fusión juntar plantas y el suelo que permite la Tierra a tener, naturalmente, lo que fue hecho para ello. Las plantas y el suelo son uno trabajando juntos, para proporcionar el alimento y el alimento no sólo para los humanos también a los animales y organismos también.

No es una ciencia nueva. En realidad es bastante simple y puede ser satisfactorio para el alma! Así que vamos a más en profundidad sobre cómo empezar.

PLANIFICACIÓN DE SU JARDÍN

Su primera tarea es elegir dónde plantar su jardín. El sitio debe recibir por lo menos seis horas de sol directo al día, y el suelo debe drenar bien, sin charcos. El área debe recibir una circulación de aire adecuada, sin embargo, ser protegido de los vientos fuertes. Su casa o una maraña de árboles pueden actuar como un escudo contra el viento.

Después de elegir su sitio, decidir el tamaño que desea hacer su jardín. Cuidado con comenzar con algo demasiado ambicioso; Comenzar con algo que es demasiado grande puede convertirse rápidamente en una tarea. Una parcela de 1.6 mts x 1.6 mts. es lo suficientemente grande para algunas Plantas de tomate, lechuga, una variedad de planta de pepino, rábanos, una planta de calabacín productivo, hierbas y algunas flores.

Una vez que haya elegido su sitio, realizar un plan de jardín; este plan se asegurará la máxima productividad, dando a cada planta espacio para crecer. Medir las dimensiones de la trama y dibujar un modelo a escala en papel cuadriculado, utilizando, por ejemplo, un cuadrado de una pulgada para representar unos 30 cms.

A medida que dibuja su plan, tenga en cuenta las necesidades de espacio de cada planta en la madurez
- La pequeña planta de tomate se transformara e una planta de 90 cms. Aprox.

Considere la disposición de su diseño de jardines en bloques en lugar de las filas más familiares. Debido a que usted no tiene que permitir que el mayor espacio para las rutas, esto le permitirá a plantar más.

Bloques que contienen una variedad de plantas estimulan mini-jardines de verduras, hierbas y flores, y son más diversos que las filas individuales que se alternan sólo dos plantas. Los monocultivos apiñados son más susceptibles a la enfermedad, por lo que la diversidad de bloques puede significar plantas más saludables. Hacer cada bloque lo suficientemente ancha como para que pueda llegar cómodamente al centro desde cada lado.

El diseño de su jardín depende en parte de qué es lo que desea plantar. Algunos cultivos, como la lechuga, rábanos y espinacas, maduran rápidamente y estará residentes a corto plazo, a menos que coseche las plantas varias veces durante el verano. Otras plantas, tales como tomates, berenjenas y pimientos, crecerán a lo largo de toda la temporada. Hierbas perennes y flores permanecerán en el mismo lugar año tras año, lo que requiere una mayor cantidad de espacio de cada año.

Asegúrese de guardar su plan de jardín para usar como referencia para la rotación de cultivos próximo año.

Además agotan los nutrientes del suelo, dejando las plantas en el mismo lugar cada año anima a las enfermedades y los insectos depredadores transmitidas por el suelo. Planta anual no debe ir en el mismo lugar dos años consecutivos. Si espera tres años antes de poner una planta en el mismo lugar, funciona incluso mejor.

Es una buena idea a considerar la plantación de plantas "abono verde" para fijar el suelo. Puede agregar esto a su plan de año en año. Trébol, alfalfa, y otros tales plantas fijan los nutrientes del suelo, que puede ser utilizado por otras plantas, así como añadir volumen y la materia orgánica al suelo, cuando están excavados, o cultivaban directamente en el suelo.

COMO TENER UN HUERTO ORGÁNICO EN CASA
TÉCNICAS Y CONSEJOS PARA EL CULTIVO EN CASA

Otra clave para el crecimiento orgánico es elegir las plantas adecuadas para el sitio. Plantas adecuadas para el clima y las condiciones son más capaces de crecer sin una gran cantidad de atención; Por otro lado, cuando se intenta hacer crecer una planta que no es adecuado para su sitio, usted probablemente tendrá que aumentar sus defensas naturales para mantenerlo sano y productivo.

Una vez que planificar su jardín para este año, que realmente debería hacer un plan para el año que viene también. Debido a la rotación de cultivos es tan importante para mantener la salud del suelo, siempre y cuando usted está haciendo un plan, elaborar donde plantar lo que en la próxima temporada. Esto le ayudará a recordar lo que fue plantada dónde y ahorro Problemas próximo año.

Así que ya saben donde colocará su jardín y lo que vas a poner en él. Vamos a empezar a trabajar en la plantación!

Si el suelo LISTO

La preparación adecuada del suelo es la clave del éxito de la jardinería orgánica. El objetivo es alimentar a la tierra, que a su vez alimentar a sus plantas. Comience por probar el suelo para averiguar exactamente lo que se tiene que trabajar. Póngase en contacto con su Servicio de Extensión Cooperativa. La mayoría de los condados y algunas universidades tienen uno; busque en la guía telefónica bajo "Cooperativa", "extensión" o el nombre de condado para averiguar lo que se requiere para un análisis de suelo.

Inicio kits de prueba están disponibles en las tiendas de suministro de jardín, pero sus resultados no son tan precisa o completa.

Una prueba del suelo será medir el pH, la acidez o alcalinidad del suelo. El pH recomendado para un huerto es de 6,8. Los resultados de las pruebas deben incluir directrices para ajustar el pH, por ejemplo, la cantidad de cal para añadir a suelos ácidos o la cantidad de azufre a añadir a suelos alcalinos. Ambos están disponibles en centros de jardinería.

La prueba también debería analizar las cantidades de nitrógeno, fósforo, potasio, calcio y otros elementos en el suelo que son críticas para las plantas sanas. La agencia de evaluación puede sugerir nutrientes para equilibrar estos elementos; cuando usted envía fuera de su muestra, asegúrese de incluir una nota indicando que tiene intención de jardín orgánicamente por lo que el probador no sugiere químicos.

Algunas de las fuentes de nitrógeno el probador puede sugerir puede ser problemático, especialmente para vegetarianos:

Harina de huesos es un subproducto de matadero, emulsión de pescado es un subproducto de procesamiento de pescado, harina de semilla de algodón está sujeto a un uso intensivo de pesticidas y urea, o la orina de animales cristalizado, se por lo procesa ya no puede ser considerado ni remotamente natural. Si el nitrógeno es un problema para su suelo, y que se oponen a la utilización de subproductos de origen animal, la mejor opción puede ser la de plantar un cultivo de cobertura de fijación de nitrógeno de este primer año y comenzar sus verduras al siguiente.

Cuando los jardineros hablan de un suelo, se están refiriendo a la tierra que se ve, se siente y huele agradable. Eso significa suelo fértil, con buena estructura dependiendo de la extensión a la que las partículas del suelo inorgánicos; arena, limo, arcilla y tierra están unidos entre sí. No importa qué tipo de suelo desgraciada que empezar, se puede transformar en la materia grandes jardines están hechos.

También debe probar porcentaje del suelo de la materia orgánica, o de material vegetal en descomposición. Hay diferentes niveles de la consideración de acuerdo con su área que va a determinar si un suelo es orgánico. La mejor materia orgánica para fertilizar su jardín con el composta es. Como un nuevo jardinero, puede que no tenga el composta de su propia todavía, pero vamos a ayudar con eso un poco más tarde en el libro.

El composta consiste en el reciclaje de la materia natural, como cáscaras de vegetales, granos de café, y cáscaras de huevo. Todo esto le proporcionan nutrientes a la tierra que un jardinero orgánico exitoso sabe son de suma importancia!

Cuando usted hasta su parcela, el trabajo de alguna tierra suelta junto con la materia orgánica natural en el suelo existente.

COMO TENER UN HUERTO ORGÁNICO EN CASA
TÉCNICAS Y CONSEJOS PARA EL CULTIVO EN CASA

Caballo o estiércol de vaca trabajarán el mejor aquí. Encontrar un agricultor local y pregunte si puede comprar un poco de estiércol de él. Si no tiene ninguno de estos disponibles para usted, la mayoría de los centros de jardinería locales tendrán algunos aditivos naturales que pueda hasta que en el suelo. También puede utilizar hojas o hierba cortada.

Por labrar esta materia orgánica en el suelo, el material orgánico formará tierra de retención de humedad en el suelo y la estructura suelta permita un buen drenaje. Además, puede proporcionar los nutrientes necesarios a sus plantas y ayuda a prosperar a medida que crecen.

Usted puede hacer su propio abono orgánico también. Le daremos un par de grandes "recetas" en las secciones posteriores.

Tenga cuidado de que no se desentierra su trama demasiado pronto en la temporada. El suelo fresco mantiene la humedad y remover la tierra húmeda puede dañar su estructura. Encontramos una sugerencia en línea que pueden ayudarle a determinar si es o no su suelo está listo para un labrado.

Jim Crockett, ex jardinero extraordinario Public Broadcasting System, sugiere que antes de la excavación se toma "la prueba de la torta de chocolate": Si el suelo tiene la consistencia de la torta de chocolate húmeda, es seguro que cavar. Si es más como dulce de azúcar, espera hasta que el suelo se ha secado a la consistencia de la torta.

El suelo está estructurado en capas, y lo mejor es no molestar a esas capas. Cavar lo suficiente para eliminar los terrones de hierba, malas hierbas y las masas de raíces, agitando y golpeando la mayor cantidad de suciedad posible de nuevo en su jardín. Guardar la hierba para el composta.

Después se prepara la tierra, dejar que el resto del jardín durante un par de días antes de la siembra.

Es casi la hora a la planta!

Plantación del JARDÍN

Usted puede optar por comprar las plantas que ya están en crecimiento que se pueden encontrar en la mayoría de los centros de jardinería, pero si lo hace, no se puede estar seguro de lo que los pesticidas han estado en contacto con estas plantas. Su objetivo, como un jardinero orgánico, es evitar estos productos químicos, por lo que se recomienda comenzar su jardín de la semilla.

Si desea plantar simplemente las semillas directamente en el suelo, que está bien, sólo recuerda que el cultivo de la semilla tarda un poco más de tiempo que el cultivo de las plantas, así que sea paciente!

No se acerque demasiado ansioso aquí! Muchos principiantes tendrán un paquete de semillas y volcar su contenido en el suelo esperando unas pocas plantas brotará. Lo que no se dan cuenta es que con cuidado, es probable que todos vienen arriba - o al menos la mayoría de ellos.

El problema aquí es que estas plantas se esforzará para que el aire y la luz desarrollo de alto, tallos débiles y no prosperarán ya que ahogan el uno al otro.

Hay algunas plantas que pueden ser sembradas densamente. Estos son los guisantes, nabos, rábanos y judías enanas. Está bien para bloquear estos juntos, ya que crecerán bien en grupos.

Las semillas tienen dentro de ellos todo lo que necesitan para crecer, excepto la humedad y el calor. Pero, si se acumulan 4-pulgadas de tierra por encima de ellos, sin embargo, que están abrumados. El suelo es pesado y frío y húmedo a menudo suficiente para pudrirse fuera del brote de hoja emergente antes de que pueda salir a la superficie. Sea amable con sus semillas. Cubrir con tierra a una no más de 2 veces su tamaño profundidad. Muy finas semillas no deben ser cubiertas en absoluto.

También hay algunas verduras que son propicias para la siembra temprana. Estos incluyen los rábanos y la lechuga de hoja. Ellos tienden a llegar de forma rápida y se pueden cosechar antes que cualquiera de sus otras plantas incluso han comenzado a brote.

Con este tipo de plantas, plantar una sola fila o cama pequeña y tener replantar cada dos o tres semanas en pequeñas cantidades. Vas a tomar la misma cantidad de espacio, sino el momento de la cosecha, y tienen un cultivo continuo durante todo el período de crecimiento.

Al plantar sus semillas, usted tendrá que cavar una pequeña zanja y espolvorear uniformemente a lo largo de la fila. Las filas deben ser por lo menos una pulgada de distancia, pero el aumento de la distancia que hacen más fácil para el deshierbe y le da espacio para caminar entre las filas.

Como hemos dicho, espolvorear uniformemente y tratar de evitar el hacinamiento. En otras palabras, no basta con volcar el paquete de semillas en la zanja. Debe dejar espacio para las plantas para crecer y ser capaz de obtener una adecuada circulación del aire y la luz.

Una vez que están en el suelo, marcar lo que has plantado dónde. Utilizamos un palito de paleta con el nombre de la planta escrito en el frente y pegarlo en el suelo al principio de la fila. De esta manera una vez que las plantas comienzan a florecer, sabrá dónde buscar para ellos.

COMO TENER UN HUERTO ORGÁNICO EN CASA
TÉCNICAS Y CONSEJOS PARA EL CULTIVO EN CASA

Pozo de agua después de haber plantado las semillas y luego esperar. En breve, empezarán a notar pequeñas plantas que hacen estallar a través del suelo y que alcanzan para el sol. En poco tiempo, con el cultivo adecuado, tendrá hermosas plantas!

A veces, es más satisfactorio para comenzar sus semillas en el interior durante el invierno para que cuando llegue la primavera, tendrá sus propios plantines cultivados orgánicamente listos para poner en su parcela. Echemos un vistazo a cómo iniciar sus semillas en el interior.

ARRANQUE semillas en el interior

A partir de sus semillas en el interior disminuirá la cantidad de tiempo que tiene que esperar a ver los resultados en su jardín, y muchas personas prefieren hacer crecer sus plantas en interiores primero en prepararlos para la temporada de crecimiento. Puede ser motivador y satisfactorio.

Si hay espacio disponible cerca de una ventana soleada, iniciar las semillas de cuatro a ocho semanas antes de la fecha de la planta de salida en su área (fecha promedio de la última helada de la matanza). Comenzando muy temprano por lo general resulta en plantas espigadas por la aglomeración y la falta de suficiente luz.

Casi cualquier recipiente con agujeros de drenaje en la parte inferior trabajará para la siembra. Cartones de leche de papel cortados por la mitad, vasos de plástico, latas, bandejas de plástico y ollas son contenedores comunes utilizados. Para mayor comodidad, sin embargo, es posible que desee iniciar plantas en las bandejas de plástico y botes disponibles en los centros de jardinería.

Utilice un suelo rico y bien drenado. Macetas hechas suelos para las violetas africanas y otras plantas de la casa por lo general son adecuados y no tienen semillas de malas hierbas. Son, sin embargo, más caras que las mezclas de suelo se puede hacer en casa. Si utiliza tierra del patio, que debe ser superior del suelo que se drena bien y no es alto en arcilla.

Los mejores suelos se encuentran a menudo alrededor de los arbustos y árboles establecidos. Añadir turba de Sphagnum y arena afilada al suelo en una proporción de aproximadamente la mitad del volumen de cada uno, y se mezcla a fondo.

Para matar las semillas de malas hierbas y algunos dañar hongos del suelo presente en su suelo comercial, colocar la mezcla de tierra en bandejas de poca profundidad o moldes para hornear en un horno durante 45 minutos a 250 grados. Para obtener los mejores resultados, el suelo debe estar húmedo.

Después que la tierra se haya enfriado, llenar recipientes con firmeza pero no paquete. Permitir alrededor de 3/4 de pulgada de la superficie del suelo hasta el borde del recipiente. Coloque las semillas en la superficie del suelo. Use un pedazo de pantalla de la ventana o tamiz de harina para tamizar suelo sobre las semillas a la profundidad indicada en el paquete de semillas.

Si utiliza bandejas compartimentadas o macetas de turba individuales, lugar dos o tres semillas en cada maceta. No cubra demasiado profundamente, ya que esto puede reducir o prevenir la germinación de las semillas. Al igual que plantar directamente en el suelo, una regla general es de no más de cuatro veces el diámetro de la semilla cubrir.

Aplique un rociado fino de agua para evitar el lavado de la semilla, haciendo que flotan en la superficie del suelo. pulverizadores de ventanas de los hogares son adecuados.

Cubrir los recipientes con hojas de plástico o hojas de vidrio y el lugar en una habitación fresca (60 a 65 grados) de la luz solar directa hasta la germinación. Al hacer esto, es casi eliminar la necesidad de riego de la cama de nuevo antes de germinar semillas. Asegúrese de mantener un ojo en él sin embargo. No deje que se seque por completo fuera!

COMO TENER UN HUERTO ORGÁNICO EN CASA TÉCNICAS Y CONSEJOS PARA EL CULTIVO EN CASA

La germinación puede tardar desde unos pocos días a un par de meses, dependiendo de lo que está creciendo, por lo que la paciencia tiene que ser uno de sus virtudes.

Cuando las semillas germinan, moverlos gradualmente (en dos o tres días) en luz brillante. Cuando las plántulas han desarrollado las primeras hojas verdaderas (las hojas por encima de los cotiledones o "hojas de la semilla"), delgadas para una planta por contenedor si se utiliza bandejas particionadas o macetas de turba. Use pinzas para evitar el paso de las plántulas no deseados en lugar de tirar de ellos, para evitar molestias a los restantes plántulas.

Si las semillas se plantaron en recipientes más grandes, transplante en macetas de turba individuales u otros contenedores pequeños. Una alternativa es delgada las plantas de semillero de modo que se extienden alrededor de 1 1/2 a 2 pulgadas de distancia y los dejan en los recipientes más grandes. Este método, sin embargo, hace uso ineficiente de las semillas y el espacio.

Regar las plantas de semillero cuidadosamente. Pequeños recipientes utilizados para las plantas de partida se secan rápidamente. Por otro lado, el suelo seguía empapando inhibe el crecimiento de plántulas húmedos y puede matar a las plantas.

Aproximadamente una semana antes de la época de siembra de salida, exponer gradualmente las plantas de semillero a períodos más largos al aire libre a menos que las temperaturas están por debajo de los 50 grados. Al mismo tiempo, reducir el riego al mínimo el tiempo que las plantas no se marchitan. Esto ayudará a las plantas a adaptarse a la exposición completa sin sufrir una descarga excesiva en el momento de la siembra.

Cuando llega el momento de la siembra en el suelo, retire con cuidado la planta de su contenedor manteniendo intactas las raíces. Cavar un pequeño agujero en la parcela del jardín y colocar la planta en el agujero. Encubrir las raíces completamente casi hasta las hojas inferiores de la planta. Paquete de abajo de la tierra alrededor de la planta y el agua!

Usted está en su camino para convertirse en un jardinero orgánico, pero todavía hay mucho más que aprender! Hay trampas a la jardinería que se debe tratar de tener un jardín con éxito. En primer lugar, vamos a abordar esas malas hierbas molestas.

Control de esas malas hierbas

Las malas hierbas pueden ser la maldición de un jardinero orgánico. En realidad, para todos los jardineros, las malas hierbas son la pesadilla de su existencia en algunos casos. Este autor detesta absolutamente escarda su jardín, pero debe hacerse para promover el crecimiento sano de las plantas y asegurar una buena cosecha.

Incluso si usted no es un jardinero orgánico, control de malezas es un problema. Realmente no hay una respuesta fácil a este problema. Sólo se necesita tiempo y esfuerzo para controlar el crecimiento excesivo no deseado en su jardín. Aquí es donde acolchado y el composta entrar en juego.

En primer lugar, dos veces por semana, ejecute el borde de una azada agudo justo debajo de la superficie del suelo con decapitar pequeñas malas hierbas antes de que crezcan lo suficientemente grande como para competir con sus plantas de semillero.

Una vez que las plántulas son más grandes, el suelo es cálido y las lluvias torrenciales han terminado, dejó una capa de mantillo para mantener la humedad y las malas hierbas ahogar. El mantillo es material que puede ser establecido alrededor de las plantas para controlar las malas hierbas.

Elegir ingredientes que permiten que el suelo para respirar, deje que el agua y mantener alejados a la luz. Estos pueden incluir secaron - no fresco - recortes de hierba, hojas paja picada, césped-segadoras-picado mezclado con los recortes secos hierba o serrín bien podrido (evitar serrín fresco, ya que lixivia nitrógeno del suelo), y agujas de pino son todas las opciones buenas. Aplicar el mantillo varias pulgadas de espesor.

Ten en cuenta que si utiliza recortes de césped o malezas, se corre el riesgo de traer insectos o enfermedades en el jardín si éstos no se convierten en abono. Cualquiera de estos tipos de acolchado puede convertirse en incubadoras para los insectos, por lo que es mejor en abono antes de utilizar como abono orgánico.

Una gruesa capa de mantillo mantiene la luz de las malas hierbas alcance. Sin la luz adecuada, las plantas no producen suficiente cantidad de clorofila para permitir un mayor crecimiento. La mayoría de estas plantas se enferman y mueren antes de que incluso los note. Las pocas plantas que se las arreglan para meter las hojas en la luz será superficialmente arraigado y muy fácil de lograr.

mantillo de paja orgánicos, hierba cortada, hojas, corteza triturada-nutren el suelo a medida que se descomponen. Son barreras de maleza bastante eficaces.

También se puede aplicar una capa de composta para controlar las malas hierbas. Ten en cuenta que si utiliza los residuos de cocina para hacer su abono, usted podría tener algunas plantas "voluntarios" que surgen. Uno de mis vecinos me quedé agradablemente sorprendido de encontrar tomates cherry que crecen en el que había en abono. Ella incluyó descarta tomate semillas en su pila de composta y estas semillas germinadas por su cuenta haciendo un muy buen poco de cultivos sorpresa para ella!

Si usted vive en un clima húmedo, es posible que desee evitar acolchado y seguir cultivando, porque el mantillo puede dar lugar a suelos anegados y enfermedades fúngicas. En un tema

COMO TENER UN HUERTO ORGÁNICO EN CASA
TÉCNICAS Y CONSEJOS PARA EL CULTIVO EN CASA

climático a la sequía, pajote puede reducir drásticamente el estrés de la planta, ayudando a retener la humedad del suelo. Si se riega, sensación bajo el mantillo para asegurarse de que el agua está llegando.

El mantillo es grande, pero hay dos maneras de hacer mal uso de ella. Una de ellas es que las plantas amantes del calor pajote demasiado temprano en la temporada, antes de que se calienta el suelo hacia arriba. Pajote ahoga las malas hierbas, pero también es un buen aislante. Melones, tomates, patatas, sandías, pimientos y berenjenas producirán mejor si mantillo.

Otro error es poner demasiado poco mantillo. Se ve bien por unas semanas, pero luego las malas hierbas perforar, y que debe ser tirado a mano, porque no es sólo lo suficientemente acolchado que cubre el suelo para hacer azada imposible. Mantillo insuficiente da a sus plantas mucho menos protección sequía.

¿Cuánto es suficiente? Bueno, tal vez esto le dará una idea: Serrín; 2 a 3 pulgadas / hojas trituradas; 8 a 10 pulgadas / paja; 5 a 7 pulgadas / periódico; 4 a 7 pulgadas / y recortes de hierba; 5 pulgadas de la primera vez que ellos propagan.

Otra manera de controlar las malas hierbas es a través de diferentes cubiertas de tierra. Esto es a menudo llamado "solarización". La solarización del suelo consiste en colocar plástico grueso láminas en la parte superior de las malas hierbas y permitiendo que el sol natural para "BAKE" las malas hierbas hasta que mueren. Esto puede tomar algún tiempo, por lo que debe ser paciente!

Muchas personas prefieren utilizar el periódico para su cobertura del suelo. Debido a que el papel se descompone de forma natural, que es el medio ambiente también.

Basta con colocar 4-5 capas de papel de periódico entre sus plantas y cubierta con una ligera capa de tierra, por lo que no golpe de distancia! Al hacer referencia a las malas hierbas, usted será más capaz de controlarlos!

Ten en cuenta también el papel Kraft - como bolsas de supermercado - o cartón. Mediante el usopapel kraft y cartón, incluso menos luz puede llegar a las malas hierbas y hace que la cubierta aún más impenetrable.

Puede suprimir el crecimiento de las semillas de malezas temprano en la estación mediante la difusión de harina de gluten de maíz sobre la zona en la que están creciendo. El maíz harina de gluten, un subproducto del procesamiento de maíz que a menudo se utiliza para alimentar al ganado, inhibe la germinación de oso semillas- en cuenta, una vez que las malas hierbas se han ido más allá de la etapa de brote, gluten de maíz no afectará a ellos.

Tenga cuidado, sin embargo. gluten de maíz no discrimina entre las semillas que desee a brotar y aquellos que no desea, por lo que evitar el uso de harina de gluten de maíz dónde y cuando se ha sembrado las semillas. Funciona mejor con plantas establecidas.

Por desgracia, tendrá que emplear algunos métodos pasados de moda a control de malas hierbas en su jardín. No se puede evitar.

Azada es una parte muy importante de un jardín con éxito. Las malas hierbas anuales mueren cuando se rompe el tallo de las raíces justo debajo de la superficie del suelo. Con una azada afilada, se cortan las malezas fácilmente. Es posible que desee evitar la azada de cabeza cuadrada tradicional para este trabajo y tratar uno oscilante.

COMO TENER UN HUERTO ORGÁNICO EN CASA
TÉCNICAS Y CONSEJOS PARA EL CULTIVO EN CASA

De roer su jardín sin cultivar un dolor de espalda, mantenga la azada como lo haría con una escoba, es decir, con los pulgares apuntando hacia arriba. Skim los lados afilados de la cuchilla de azada a través de la pulgada superior del suelo.

También tendrá que hacer un poco de mano tirando de las malas hierbas. No tiene que ser un trabajo agotador, sin embargo. Solo se necesita persistencia.

Aquí está el truco para cómodas y rápidas de malezas-tirando: Ponga sus manos delante de usted, pulgares arriba y las palmas hacia su cuerpo, con una mano delante de la otra. Ahora rodar sus manos, como hacen los niños cuando canto "Este anciano va rodando a casa."

Pillarse los dedos índice y pulgar juntos como llegar a la parte más externa del círculo imaginario manos son la búsqueda y mover los brazos hacia un lado mientras rueda sus manos. Con la práctica, se sorprenderá por la rapidez con que limpiar una fila en el jardín con este movimiento.

Por último, el control de malezas orgánico se puede hacer fácilmente mediante la colocación de vinagre de uso doméstico común en una botella de aerosol y se aplican a esas malas hierbas. El vinagre es el equivalente orgánico del comercial Round-Up, así que ten cuidado cuando se aplica alrededor de las plantas florecientes.

Al lado de esas malas hierbas incesantes, que también tendrá que preocuparse por el control de plagas.

El control de plagas

Para el jardinero natural, control de plagas puede parecer una tarea de enormes proporciones. Después de todo, usted está comprometido a no utilizar productos químicos nocivos en su jardín, sin embargo, estos productos químicos puede deshacerse de las plagas de forma rápida y sencilla.

Todavía hay muchas formas que puede tomar el control de su jardín sin tener que recurrir a tratamientos químicos. Control natural de plagas en realidad es bastante fácil.

Ciertamente entendemos que muchos jardineros se ponen ansiosos cuando ven las plagas en sus plantas y quieren reaccionar con decisión cuando ven a sus plantas dañadas. Pero nosotros le debemos recordarnos el principio central de la jardinería orgánica: las plantas que crecen en armonía con la Naturaleza. Y los insectos, incluso aquellos que se alimentan de las plantas, son una parte fundamental de ese sistema.

Cuando vea los insectos en su jardín, tomar algún tiempo para ver realmente lo que están haciendo. ¿Son realmente destruyendo la planta o simplemente mordisqueando un poco? Muchas plantas pueden superar los daños menores.

Además, en muchos casos, los insectos ataque estresado plantas. ¿Tiene suficientes plantas sanas de sobra los enfermos? Se puede restaurar las plantas enfermizas para la salud robusta para que puedan resistir el ataque de los insectos?

Las mejores defensas contra el ataque de insectos son las medidas preventivas. Cultivar plantas adaptadas al sitio y van a estar menos estresados. No dejarlos ser demasiado húmedo, demasiado seco o demasiado a la sombra. Diseñar un jardín diversa, por lo que las plagas de una planta en particular no diezmar a toda una sección del jardín. La tierra saludable, naturalmente, producir plantas que son resistentes a insectos y enfermedades, pero plagas son una parte de la jardinería.

Hay diferentes maneras en que puede controlar las plagas de forma natural.

Aerosoles y polvos

Hay un número de aerosoles y polvos disponibles en centros de jardinería botánicos naturales. Estos se derivan de plantas y no realizan en un laboratorio. Vamos a ver algunas de las más comunes disponibles para usted.

<u>El jabón insecticida</u> es sales de sodio o de potasio en combinación con ácidos grasos. Si utiliza jabón, que debe entrar en contacto directo con el insecto y debe estar húmedo. Ya no es eficaz una vez que se haya secado.

Los ácidos grasos en el jabón penetran la cubierta exterior del insecto y causan que las células se colapso. Este es uno de los pesticidas orgánicos más seguros de usar porque no hay residuos, es no tóxico para los animales, y se puede utilizar en sus vehículos todo el camino hasta la cosecha. Ser cautos, sin embargo, el jabón puede quemar ó estrés plantas, por lo que no utilizarlo a pleno sol oa altas temperaturas.

<u>Las bacterias aerosol</u> también se conoce comúnmente como Bt (Bacillus thuringiensis). Hay más de 80 tipos de Bt utilizadas como plaguicidas. Es un veneno estomacal que libera toxinas en los estómagos de los insectos que les lleva a dejar de comer y morir de hambre.

Es generalmente disponible en forma de polvo que se rocía o se sacudió en una planta. Debe ser comido por el insecto objetivo. Cepas de Bt son muy específicos de acogida y no dañar a las personas, animales, pájaros o las abejas, pero puede ser muy lento que actúan toman días para que el insecto por completo dejar de comer y mueren. También puede matar a algunos de los insectos beneficiosos en su jardín.

Neem es un aerosol que se deriva de los granos de semillas de la fruta del árbol de neem. Se rocía sobre las hojas de la planta que alterar el sistema hormonal y evita que el insecto se desarrolle a su etapa de madurez. Neem es más eficaz en los insectos inmaduros y las especies que sufren una metamorfosis completa.

Uso precaución con Neem, ya que puede ser perjudicial para los animales domésticos, a fin de mantener alejados de las hojas recién rociadas hasta que se seque el líquido. Neem no es tóxico para los seres humanos.

Aceite hortícola es aceite de petróleo altamente refinado que se mezcla con agua y se pulveriza sobre el follaje. Recubre y asfixia a los insectos o que interrumpa su alimentación.

Hay una baja toxicidad para los humanos, los animales domésticos y aves y no deja ningún residuo tóxico. Tenga cuidado de no quemar las hojas de sus plantas cuando se utiliza este aceite.

Rotenona y piretro son más fácilmente los disponibles y se utilizan a menudo en combinación. Se derivan de las raíces de las leguminosas tropicales. Es generalmente viene en forma de polvo que se espolvorea sobre la planta. Estos inhiben el proceso celular privando así a los insectos de oxígeno en sus células de tejido. Se trata de un amplio espectro de plaguicidas y se puede utilizar con muchos tipos de plagas.

Si está utilizando un spray, diluirlo en agua y utilizar sólo cuando sea necesario. Por supuesto, siga las instrucciones de aplicación de la etiqueta. El mejor momento para aplicar aerosoles y polvos es por la tarde o por la mañana temprano. Y siempre leer las etiquetas de cualquier cosa que comprar

COMO TENER UN HUERTO ORGÁNICO EN CASA
TÉCNICAS Y CONSEJOS PARA EL CULTIVO EN CASA

comercialmente. El hecho de que un pesticida es orgánico no significa que no es tóxico.

Usted no tiene que utilizar cualquier cosa en sus plantas si dependen de otros animales para ayudarle a controlar las plagas.

ANIMALES Y FALLOS

Pájaros, mariquitas y mantis orando son los mejores amigos del jardinero cuando se trata de control de insectos.

Las aves pueden ser animados en el jardín junto a la alimentación, colgando una casa para pájaros que proporciona un baño del pájaro o mediante siembra de plantas que proporcionan las bayas para que coman.

Las mariquitas son ahora a la venta por la pinta, cuarto o galón. El jardín de tamaño medio puede llegar a funcionar en un cuarto o menos, ya que habrá cerca de 25 mil a 30 mil insectos por cuarto de galón. El costo es generalmente menos de cinco dólares por cuarto de galón. El adulto promedio consume mariquita entre 40 y 50 pulgones al día.

Praying mantis casos también están disponibles y cada uno escotillas hasta 400 jóvenes. El costo es más bien nominal para un caso. Unos jardineros han informado de que este insecto desaparece con bastante rapidez desde el jardín, por lo que es posible que desee experimentar con sólo unos pocos para empezar. Que van a comer cualquier insecto que pueden atrapar.

Las ranas y lagartos también pueden controlar las plagas por el consumo de ellos.

Usted puede hacer su jardín hospitalario para sus aliados naturales, manteniendo una fuente de agua - sólo un plato lleno - cerca de ellos y al no acabando con toda la población de la plaga con un pesticida, el envío en busca de alimento del beneficiosa en otros lugares. Además, cultivar plantas con flores pequeñas como Alyssum dulce y eneldo, que atraen a los insectos depredadores que se alimentan de néctar de las flores entre ataques contra las plagas.

el control orgánico de plagas es un enfoque integral en lugar de un enfoque químico. Crear una biodiversidad saludable para que los insectos y microbios controlarse a sí mismos. El uso de productos naturales y la construcción de un suelo sano es el mejor tratamiento a largo plazo para las plagas.

¿Cuáles son las plagas que debe buscar?

Plagas comunes de jardín

Hay literalmente cientos de plagas comunes del jardín que pueden atacar sus plantas y amenazar la viabilidad de sus esfuerzos de jardinería. No podríamos hacer frente a todos ellos. Hay, sin embargo, algunos que se producen en más frecuencia que otros.

Los áfidos son probablemente el problema más común en los jardines. Los áfidos son suaves, en forma de pera, y muy pequeña (1/16 hasta 3/8 de pulgada de largo). Dos tubos cortos se proyectan hacia atrás desde la punta de su abdomen.

Los áfidos tienen largas antenas. Algunos tipos de pulgones tienen alas, que son transparentes, ya que su cuerpo, y se mantiene como un techo sobre su espalda. Los áfidos pueden ser de color verde, rosa, amarillo, negro, gris o en polvo. Ninfas se parecen a los adultos, pero son más pequeños y sin alas.

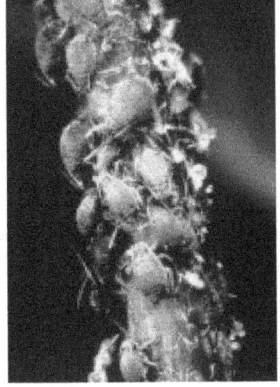

Se alimentan en colonias, así que donde hay uno, definitivamente hay más. la alimentación del áfido puede causar hojas de rizo y se deforman. Una vez que esto ha sucedido, los áfidos están protegidos de cualquier tratamiento que da a la planta, por lo que es importante atacar el problema tan pronto como sea posible.

Muchas especies prefieren el envés de las hojas, a fin de buscar allí en primer lugar. Las hormigas suelen estar presentes en los áfidos son, por lo que si hay hormigas en el jardín, es probable que haya pulgones también. Los áfidos son fuente de alimento de las hormigas, por lo que protegerán que Amparo de alimentos a los depredadores que podrían amenazar ellos.

Para controlar los áfidos, naturalmente, ser el primero asegúrese de empapar las plantas con fuertes chorros de agua de una manguera de jardín. Mantener sus plantas lo más saludable posible, y rociar aceite latente al control de invernada huevos. También puede rociar las plantas con jabón insecticida, aceite de verano, y los aerosoles de ajo casera. Al final del libro, vamos a tener algunas recetas como esta para que usted pueda hacer usted mismo.

Si va a estar creciendo la col, el brócoli, la coliflor o, usted podría tener medidores del repollo. Estas plagas son de color verde claro con rayas blancas que corren por la espalda. La lata larvasllegar aproximadamente 1½ pulgadas de largo y tienen tres pares de patas delgadas cerca de la cabeza y tres pares de patas de mayor tamaño en el extremo trasero. La sección central es sin piernas y se enrolla cuando el insecto está en movimiento.

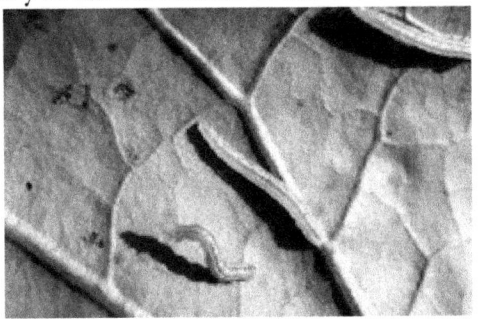

La larva es la etapa dañar de la oruga de la col. Las larvas jóvenes de alimentación entre las venas en el envés de las hojas. Large larvas maquillaje desigual agujeros en el follaje y moverse hacia el centro de la planta donde la alimentación generalmente se produce en la base de la cabeza de la col. Grandes remalladoras también pueden enterrarse a través de tres a seis capas de hojas de cabeza bien envueltos.

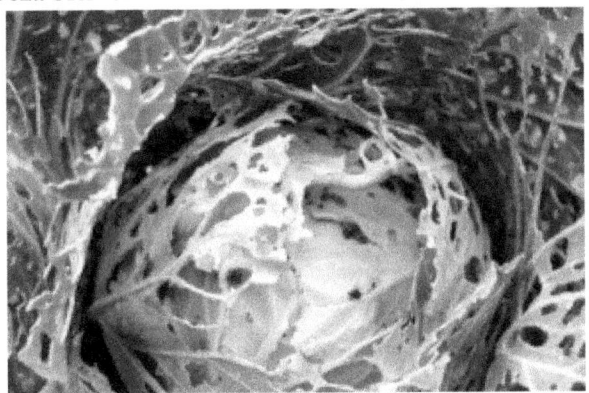

La mejor manera de controlar los medidores del repollo es seleccionar personalmente las larvas un par de veces a la semana. Atraer a los insectos depredadores y parásitos al jardín con plantas polen y néctar.

Si encuentras pequeños agujeros en las hojas de sus plantas, es posible que tenga tijeretas. Las tijeretas son generalmente marrón oscuro, delgada y alargada. Tienen un par de "pinzas" en la parte trasera de su cuerpo y se ejecutan más de mosca. Tienen una curva hasta el abdomen y la liberación de olor desagradable cuando se les molesta.

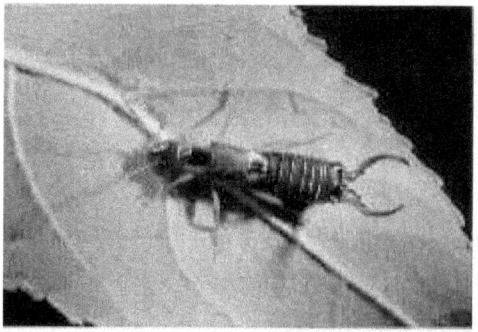

Tijeretas comerán agujeros en las hojas de las plantas haciendo que se marchitan y mueren.

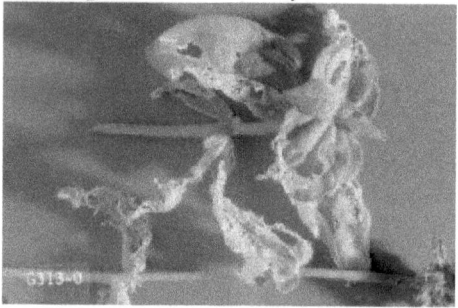

En general, las tijeretas pueden ser beneficiosos para su jardín, pero pueden salir de control, por lo que debe usar el spray en general le daremos más adelante en el libro. Hay un número de maneras de controlar las tijeretas, pero atrapándolos es probablemente la mejor manera de eliminarlos de su jardín.

COMO TENER UN HUERTO ORGÁNICO EN CASA
TÉCNICAS Y CONSEJOS PARA EL CULTIVO EN CASA

Una manera en que como es tomar un plato poco profundo y lugar de cerveza en ella. Cualquier cerveza va a hacer. Las tijeretas se sentirán atraídos por la cerveza, subir en, beber y morir. Se puede tamizar los muertos y reutilizar la cerveza para atrapar de nuevo. Ellos también son atraídos por aceite de maíz, aceite de pescado, o agua y vinagre. Puede colocarlos en platos al igual que la cerveza.

Si las hojas de sus plantas están finamente moteado con manchas amarillas o un plateado, brillo metálico, usted podría tener trips. Los trips son muy pequeñas - alrededor de 1/16" - y difícil de ver. Hay muchas variedades de trips y son de todos los colores diferentes.

Los trips se controlan mejor con los aerosoles como hemos descrito. También puede rociar las plantas con agua y jabón. Lady insectos comerán trips, así, así atraer a los insectos de la señora a su jardín!

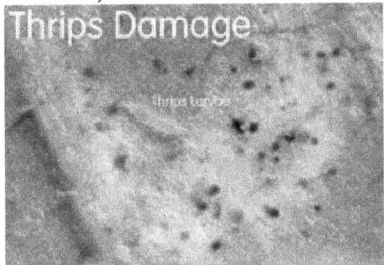

gusanos picudos del tomate son las orugas más grandes que se encuentran en esta área y pueden medir hasta 4 pulgadas de largo. El destacado "cuerno" en la parte posterior de ambos les da su nombre.

Hornworms son a menudo difíciles de ver debido a su coloración protectora que es de color verde. No hay mucho para el calor de la luz solar directa, tienden a alimentación en el interior de la planta durante el día y se manchan más fácilmente cuando se trasladan a la parte exterior de la planta al amanecer y al anochecer

daños gusano cornudo por lo general comienza a ocurrir en pleno verano y continúa durante el resto de la temporada de crecimiento. El tamaño de estas plagas de jardín les permite defolian rápidamente tomates, patatas, berenjenas y pimientos. De vez en cuando, también pueden alimentarse de fruta verde. Los jardineros son propensos a manchar las grandes áreas de daño en la parte superior de una planta antes de ver el culpable.

Hornworm damage on tomato
[Picture by G. Brust]

La mejor manera de controlar los gusanos del cuerno es a seleccionar personalmente a retirarse a sus plantas. Son especialmente susceptibles al Bt bacteriana rociamos hemos

COMO TENER UN HUERTO ORGÁNICO EN CASA
TÉCNICAS Y CONSEJOS PARA EL CULTIVO EN CASA

descrito anteriormente, por lo que recomendamos el uso de este para controlar los gusanos del cuerno.

Las babosas son de las más molestas plagas en el jardín. Se alimentan de una variedad de plantas vivas y en descomposición de materia vegetal. En las plantas que mastican agujeros irregulares con bordes lisos en las hojas y pueden cortar partes de plantas suculentas. También pueden masticar frutas y cortezas de plantas jóvenes.

Porque prefieren follaje suculento, que son principalmente plagas de plántulas, plantas herbáceas, y la maduración de frutas como las fresas, alcachofas y tomates que están cerca del suelo. Sin embargo, también se alimentan de frutos de algunos árboles, cítricos es especialmente susceptible al daño.

Las babosas son nocturnos y salen por la noche. Se deslizan debajo de las piedras y las hojas en el día. Chomped agujeros en las hojas y los frutos son signos reveladores de la alimentación babosa. A más cierta señal de actividad slug es el rastro plateado de mucosa seca que estas plagas dejan a su paso. Si eso no es lo suficientemente convincente, salir al jardín por la noche con una linterna y la sorpresa.

Control de babosas en realidad es bastante fácil. Ellos son bastante grandes, por lo que pueden quedar atrapados con la mano y eliminados. Esta es otra de plagas de jardín que ser capturado mediante el establecimiento de un plato de cerveza.

Aunque posiblemente crueles, la forma más eficaz para matar a una babosa es espolvorear con sal. Puede interceptar las babosas mediante la colocación de una bolsa de plástico en el jardín que contiene dos hojas de lechuga en descomposición, 2 tazas de cereal de salvado, y verter la cerveza durante todo el lío. Coloque la bolsa antes de la puesta del sol. Por la mañana, comprobar para ver si las babosas están ahí y disponer de ellos.

Prevenir la babosa infestación mediante la eliminación de muertos y hojas en descomposición. Esto eliminará su principal fuente de alimento. posos de café y cáscaras de huevo también mantendrán las babosas de distancia. Sólo tiene que colocar alrededor de las plantas que desea proteger a ras de suelo.

Como hacer propia composta

El composta puede ser tan simple o tan complejo como usted quiere que sea. La mejor parte acerca de la creación de composta es que puede consistir en cualquier material orgánico y todos tenemos acceso a un montón de que diariamente ya que es producida por el césped, jardín y cocina.

El composta es lo que ocurre cuando se combinan hojas, hierba cortada, hortalizas y frutas, restos de virutas de madera, paja y pequeñas ramitas, luego se deja descomponer en un suelo similar a la textura. introduce composta y alimentos para el ganado vida diversa en el suelo, incluyendo bacterias, insectos, gusanos, y más que apoyan el crecimiento vigoroso de las plantas.

El composta es multifacética, pero no pretende ser un fertilizante. Se ofrece sólo una proporción relativamente baja de nutrientes, sin embargo, lo que hace es cerca de mágico. En su forma acabada como mantillo, se reduce la evaporación, reduce o previene el crecimiento de malezas, y aísla el suelo de cambios extremos de temperatura. Las coberturas también mantiene las pulgadas superiores del suelo más fresco durante el día, más caliente por la noche.

Sin embargo, el composta tiene orígenes humildes. Común, materiales fácilmente accesibles destinados a decaer juntos en una pila le dará a su tierra el don de minerales y otros componentes que necesita. Los materiales son de hecho numerosas.

Independientemente de los ingredientes particulares, hacer composta es similar a la fabricación de pan o cerveza; las bacterias del suelo que digieren como las levaduras necesitan calor, la humedad, el aire y algo que se alimentan de mantenerlos vivos y en crecimiento. Casi todos los problemas prácticos asociados con la fabricación de composta a partir del tallo demasiado o muy poco de esos factores básicos.

El composta se crea a partir de capas de hierba cortada, hojas, malas hierbas, restos de comida y, si está disponible, estiércol de animales de granja. Si usted tiene los consumidores de carne en su casa, no utilice sus restos de carne, que atraigan a los roedores. Además, no utilice la basura de su perro o gato; no se rompe de manera apropiada y contiene demasiados patógenos.

Con los años, el composta ha conseguido una reputación de ser un trabajo que consume tiempo, pero esto no es necesariamente el caso. No es necesario para construir una caja grande o girar la pila de vez en cuando. Un barril, un agujero en el suelo o una pila en la parte superior de la tierra es satisfactoria.

El requisito importante es estar seguro de que el material de desecho se cubre con tierra, por lo que no atrae a las ratas, otros roedores o moscas. Usted puede construir sus capas directamente sobre el suelo, sin ningún marco en absoluto; si se utiliza un recipiente, asegúrese de que esté bien ventilada.

El truco para el composta con éxito es el equilibrio de los ingredientes de alta en nitrógeno - recortes de hierba fresca, otra frescas, materia vegetal verde, la mayoría de los desechos de la cocina - con los altos en carbono - hojas, paja, hierba seca, se lavó cáscaras de huevo, germen de trigo o de otro granos molidos que se han vuelto demasiado rancio o viejo para su uso, y cualquier seca, materia vegetal de color marrón. El exceso de materia nitrogenada produce un anaeróbico, pila maloliente. El exceso de materia carbonosa resultados en una pila que nunca se calienta.

COMO TENER UN HUERTO ORGÁNICO EN CASA
TÉCNICAS Y CONSEJOS PARA EL CULTIVO EN CASA

La proporción ideal es una parte de nitrógeno a tres partes de carbono.

Comience con una capa de pincel - pequeñas ramitas, no hay grandes ramas - un par de pulgadas de profundidad; esto ayudará a su pila de respirar. A continuación, teniendo en cuenta la relación de 1 a 3 de nitrógeno a carbono, añadir una capa de material vegetal mixto. Usted puede enriquecer la pila con el caballo o el estiércol de vaca. Estos materiales no se descomponen; sólo tiene que añadir nutrientes al producto final.

Entonces agua ligeramente la pila por lo que es uniformemente húmedo. El exceso de agua interfiere con aireación; la escasez de agua y la pila no van a fermentar. Si su pila se encuentra a la intemperie, se debe tirar de una lona sobre él antes de una tormenta, y luego quitar la lona después de la lluvia se detiene por lo que la pila puede respirar. Una capa 8 pulgadas de paja pajote propagación sobre la parte superior de la pila sirve para el mismo propósito.

Capas alternas hasta que la pila es de 5 pies de alto por 5 pies de ancho por cualquier longitud que usted elija. Una pila correctamente hecho que está sin apretar y bien aireada alcanzará una temperatura interna de 160 grados dentro de unos pocos días. Se debe oler como el heno húmedo. Si la pila no se caliente, desmontarla y volver a hacerlo mediante la adición de capas de materia verde fresca. Si la pila se vuelve anaeróbico (es demasiado húmedo para airear), separarla, dejar que se seque, lo utilizan como abono orgánico y comenzar una nueva pila.

Después de tres semanas, la pila se habrá reducido en tamaño; esto es normal. En la pila con un tenedor spading y darle la vuelta hasta que el contenido se redistribuyen por completo; la idea es poner partículas no fermentados en contacto con los que están más adelante. Dejar reposar la pila, por lo que la temperatura se elevará de nuevo. Girar una segunda vez cinco semanas más tarde, se deja reposar unas semanas y, con suerte, tendrá una rica pila, quebradiza del "oro negro".

Además, el aire es vital para cualquier proceso de compostaaje. Sin aire (anaeróbico) compostaaje es posible, pero desagradable con la putrefacta de material en descomposición agredir a su nariz. Por lo general es porque hay demasiado nitrógeno y demasiado poco de aire en la mezcla. Si usted tiene una gran cantidad de árboles en su propiedad, hojas de otoño pueden ser abundantes y desordenado, pero están ahí para su uso y pueden ser fácilmente recogidos y almacenados en bolsas de hoja.

El tiempo es crucial. Su pila de composta está totalmente cuando no calienta después de ser activado. Entonces está listo para usar. Y utilizarlo con una buena sensación, porque es el combustible natural de su jardín. Recuerde que su objetivo, el fundamento de todos los jardines con éxito, es lograr un suelo saludable.

El composta suministra el suelo con una fuente rica, friable de tierra y ayuda a retener la humedad en el jardín, además de suministrar los nutrientes valiosos. Mediante la colocación de los recortes de hierba, hojas caídas y partes de plantas utilizadas en una pila de composta, que los está preparando, a través de la descomposición, a volver a poner a trabajar para usted.

El composta en realidad recicla residuos de jardinería y devuelve los nutrientes que se han tomado desde el suelo. Mediante el uso de agentes de composta orgánicos, es posible para acelerar el proceso de descomposición.

COMO TENER UN HUERTO ORGÁNICO EN CASA
TÉCNICAS Y CONSEJOS PARA EL CULTIVO EN CASA

Ahora que usted ha conseguido que el jardín en, ¿cómo tomar el cuidado de él?

Cuidar el jardín

Usted ha pasado un tiempo bastante poco y esfuerzo para asegurarse de que su jardín se presenta de la manera más prometedora y teniendo en cuenta la mejor manera de crecer orgánicamente ese jardín. Ahora tiene que cuidar de su trama.

Las plantas necesitan luz y agua para crecer. La luz ya está a cargo de la madre Naturaleza; usted tiene que cuidar el agua!

Regar el jardín cada noche después de la cena puede ser una buena terapia para el jardinero, pero no es bueno para las plantas. Cuando el suelo es a menudo espolvoreado por encima, pero nunca profundamente empapado, raíces de las plantas tienden a permanecer en la humedad, pocas pulgadas superiores del suelo donde son vulnerables al calor abrasador mediados del verano y la sequía. Plantas vegetales necesitan una promedio de 2 pulgadas de agua a la semana. Asegúrese de agua a fondo para que la tierra se empapa a una profundidad de 4 a 6 pulgadas.

Esto animará a las raíces para crecer profunda.

Germinación de las semillas y plantas de semillero deben mantenerse uniformemente húmedo sin ser lavado, por lo que ellos el agua con una suave pulverización cada día o dos. Plantas en desarrollo necesitan ser regadas profundamente, pero con menos frecuencia, para fomentar el crecimiento de raíces profundas. Agua hasta una profundidad de al menos 6 pulgadas y luego dejar que la superficie o dos pulgadas secar completamente antes de volver a regar.

Como pauta general, las plantas del jardín que han sido regadas adecuadamente, y por lo tanto se han desarrollado raíces profundas, que necesitan un riego abundante cada 5 a 7 días en clima caliente.

El riego manual suministra agua directamente a las plantas, lo que elimina los residuos, pero se necesita tiempo. Control sobre el terreno para asegurarse de que está entregando suficiente agua, y tenga cuidado de dar a todas las áreas de la cobertura adecuada jardín.

Aspersores tienen el inconveniente de desperdiciar el agua mediante riego caminos y otros espacios abiertos en el jardín. Ellos también pierden agua a la evaporación y la deriva del viento. Debido a que se orinan en el follaje, los aspersores también pueden promover el desarrollo de enfermedades foliares.

Sin embargo, los aspersores son más fáciles y eliminan la necesidad de estar fuera de la celebración de una manguera durante 20 minutos - especialmente si usted tiene un gran jardín.

Si utiliza aspersores oscilantes, elevarlos por encima de las plantas más altas por lo que las corrientes de agua no están bloqueadas. Para asegurarse de que todas sus plantas se riegan, lugar rociadores por lo que sus patrones se superponen. Escorrentía indica que necesita para agua a una velocidad más lenta.

También puede considerar la adopción de una manguera de jardín simple y hacer su propio sistema de riego al hacer agujeros en la parte superior de la misma en ángulos uniformes. Basta con colocar esta manguera entre las hileras de plantas y se mueve cuando el riego se realiza en esa sección en particular.

COMO TENER UN HUERTO ORGÁNICO EN CASA
TÉCNICAS Y CONSEJOS PARA EL CULTIVO EN CASA

Usted debe generalmente el agua de su jardín en la tarde cuando está más fresco. Esto reducirá la posibilidad de que la evaporación del calor del sol y el calor. riego temprano por la mañana está bien, pero menos eficaz.

Tenga cuidado con el exceso de riego de su jardín. Esto puede hacer que sus plantas a tener menos éxito y producir rendimientos decepcionantes. Por lo general, las primeras semanas después de la siembra y el trasplante y durante el desarrollo de la fruta o almacenamiento de órganos son momentos en los que las plantas pueden verse afectados negativamente por la escasez de agua, por lo que el agua en abundancia durante estos tiempos.

Obviamente, la madre naturaleza le proporcionará algo de su agua también. Controle sus niveles de lluvia y comprobar para asegurarse de que su jardín tiene suficiente humedad si ha llovido para ver si es necesario agregar a la misma.

Las plantas sanas que producen una gran cantidad de alimentos saludables pueden recibir un impulso muy necesario algún tipo de fertilizante. El composta puede proporcionar esto, pero hay otras formas de fertilizar.

Una de las mejores fuentes de fertilizante orgánico es el estiércol animal. Vaca, pollo, conejo, caballo y el visón están entre las partes más fácilmente disponibles en muchas partes del mundo. Lo mejor es usarlos después de que hayan tenido la oportunidad de pudrirse durante algunos años. Ellos proporcionan algunos nutrientes para las plantas, bacterias favorables, tierra, una mejor aireación y ayudan a retener más humedad cuando se mezclan con el suelo del jardín.

Los abonos están disponibles a partir de las granjas lecheras, establos y granjas avícolas. Por lo general, tendrá que recogerlos de estas fuentes, el uso de su propio camión. A veces, las empresas que ofrecen los suelos o las coberturas serán también de valores y entregar uno o dos tipos de abonos animales frescos o bien descompuesto. Una verificación de la sección de medio de avisos del periódico revelará a menudo otras fuentes de suministro.

Si utiliza abonos frescos, que se aplican mejor en el otoño, ya que son aptos para quemar o plantas de retardo si se aplican durante la primavera, estación de crecimiento. Estiércol bien descompuesto se pueden utilizar en la primavera. Debe aplicar el fertilizante alrededor de la base de la planta.

Puede utilizar cualquiera de estiércol fresco o podrida para hacer un té-líquido para plantas de alimentos. El té se hace generalmente de una parte de estiércol y diez partes de agua. Dejar reposar durante varios días antes de usarla luego rociar directamente sobre la planta.

Los abonos de proceso secado son a menudo disponibles en las tiendas de jardinería y se pueden utilizar para la tapa-apósito o se pueden mezclar en el suelo de la siembra. La harina de pescado, harina de sangre, harina de huesos, estiércol de animales, harina de semilla de algodón y lodos de aguas residuales procesados son fuentes orgánicas de fertilizante de nitrógeno. Roca de fosfato y harina de hueso son los dos fertilizantes orgánicos utilizados para el fósforo de suministro. Las cenizas de madera y potasa roca son las dos principales fuentes de potasio orgánico.

Su departamento de jardinería local generalmente almacenar cualquiera de los fertilizantes orgánicos anteriores. También puede hacer su propio fertilizante. Busque en nuestra sección de recetas!

COMO TENER UN HUERTO ORGÁNICO EN CASA
TÉCNICAS Y CONSEJOS PARA EL CULTIVO EN CASA

Cuando se trata de fertilizantes, harinas de semillas y diversos tipos de cal son los ingredientes más importantes. Estos solo crecerá un gran jardín. Harinas de semillas son subproductos de la fabricación de aceite vegetal.

Están hechas de soja, semillas de lino, girasol, semillas de algodón, canola y otras plantas. Diferentes regiones del país tienen diferentes clases más fácilmente disponible. Harinas de semillas son estables y almacenar durante años si se mantiene seco y protegido de las plagas en un recipiente metálico con una tapa hermética.

La cal es de tierra, roca natural que contiene grandes cantidades de calcio, y hay tres tipos. Cal agrícola es carbonato de calcio relativamente puro.

El yeso es sulfato de calcio y se incluye porque el azufre es un nutriente vital de la planta. Dolomita, o cal dolomítica, contiene tanto los carbonatos de calcio y magnesio, por lo general en cantidades más o menos iguales. Si usted tiene que elegir un tipo, lo que probablemente debería ser dolomita, pero vas a obtener un mejor resultado utilizando los tres tipos.

Estas sustancias no son caros si se compran en grandes sacos de proveedores agrícolas.

Los fertilizantes orgánicos son mucho más propicios para el medio ambiente y el valor de la salud de nuestros alimentos que los fertilizantes químicos tradicionales. ¿Por qué?

Abonos orgánicos, abonos y composta liberan su contenido de nutrientes única medida que se descomponen - cuando se descomponen lentamente hacia abajo por el complejo de la ecología de las criaturas que viven en el suelo. La descomposición completa de la mayoría de los fertilizantes orgánicos toma alrededor de dos meses en el suelo caliente. Durante ese tiempo, liberan nutrientes de manera constante.

Con los fertilizantes no orgánicos, la sobredosificación puede ser un verdadero problema. Ellos son tan fuertes que es fácil para los jardineros inexpertos para cruzar la línea que separa lo suficiente y demasiado.

Sin embargo, a pesar de su fuerza, mezclas baratas son incompletos. Suministran sólo nitrógeno, fósforo y potasio. A menos que el fabricante añade intencionadamente otros minerales esenciales, la mezcla química no suministrarlos. Los fertilizantes químicos rara vez contienen calcio o magnesio, que las plantas necesitan en grandes cantidades a lo largo de pequeñas trazas de varios otros minerales.

Fertilizantes químicos de bajo costo se disuelven rápidamente en el suelo. Esto usualmente resulta en una rápida explosión de crecimiento de las plantas, seguidos de cinco o seis semanas más tarde por un gran hundimiento que requiere otra aplicación. Si llueve duro, los productos químicos disueltos en el agua del suelo serán transportados tan profundamente en la tierra como el agua penetra (esto se llama "lixiviación"), tan profundo que las raíces de la planta no puede llegar a ellos. Con una fuerte lluvia o riego uno demasiado pesada, su capa fértil del suelo se vuelve infértil. Los productos químicos también pueden contaminar las aguas subterráneas. El riesgo de lixiviación es especialmente grande en los suelos que contienen poco o nada de arcilla.

Los fertilizantes químicos se pueden hacer para ser "liberación lenta", pero este tipo cuestan varias veces más que los que se disuelven rápidamente en agua. Las harinas de semillas en una mezcla de fertilizantes orgánicos son fertilizantes de

COMO TENER UN HUERTO ORGÁNICO EN CASA
TÉCNICAS Y CONSEJOS PARA EL CULTIVO EN CASA

liberación lenta naturales, y por lo general son menos caros que los productos químicos de liberación lenta.

Usted debe fertilizar sus plantas una vez cada tres o cuatro semanas. Usted tendrá que prestar atención a la forma en que sus plantas están haciendo y fertilizar en consecuencia.

Algunas plantas necesitan más atención que otros.

Frijoles, guisantes y zanahorias son algunos de los vehículos de baja demanda para la fertilización. Que necesitan menos requisitos de nutrientes adicionales que las plantas de demanda media.

La mayoría de las plantas de jardín son plantas de demanda media. Estos incluyen los tomates, maíz, calabaza, calabacín, col y pimientos. Tenga cuidado de no sobre-fertilizar estas plantas. Una regla de oro es bien de 4-6 litros de fertilizante por cada 100 pies cuadrados con una capa de ¼ de pulgada de composta.

Algunos vehículos de alta demanda son las alcachofas, coliflor, nabos y espinacas. Estos requerirán las mismas 4-6 litros de fertilizante por cada 100 pies cuadrados, pero hay que aumentar la capa de composta a ½".

Verduras de alta demanda son las especies sensibles, delicadas y por lo general no van a prosperar a menos cultivadas en suelo ligero, suelto y siempre húmedo que proporciona el más alto nivel de nutrición.

Por supuesto, tiene que permanecer en la cima de la escarda para asegurar que sus plantas tienen suficiente espacio para crecer y que esas malas hierbas no hurten su comida!

Sugerimos cuidar el jardín, al mismo tiempo todos los días. Mañana sería mejor ya que es más fresco durante el verano y no tendrá que soportar el calor. No deje que las malas hierbas toman el control. Es por esto que se recomienda hacerlo cada día para que usted no tendrá un gran trabajo si se descuida durante una semana o así.

El cuidado de un jardín posible que tenga que conseguir en sus manos y rodillas para sacar las malas hierbas de la mitad de sus plantas de frijol o filas de col, así que haga esto. Se va a guardar la tensión en la espalda y, por supuesto, llevará más cerca al medio ambiente natural que es su jardín orgánico!

A continuación, sólo sentarse y esperar a que los beneficios de su jardín - productos frescos! Por supuesto, el jardinero exitoso sabe que una vez que llegue el clima frío, su trabajo no es del todo hecho.

INVERNANTES SU JARDÍN

Nunca deje al descubierto durante el invierno, ya que perderá la materia orgánica por oxidación. Avena planta al final de la cosecha y dejarlos morir durante el invierno, o cubren el jardín con las hojas y la paja. Tan pronto como el suelo se congela, hierbas perennes y flores mantillo fuertemente para mantener la escarcha de ellos lanzando fuera de la tierra. Tire del mantillo fuera a principios de primavera para que el suelo se caliente y seco.

Una vez que haya recolectado toda la fruta que puedas y sus plantas tienen latente ido, hasta que todas las plantas bajo con una caña de timón. Esto proporcionará el suelo con material orgánico para nutrir para el próximo año.

Aplicar una capa gruesa de su abono y Till nuevo. Es una idea buena para labrar una vez más antes de la siembra, cuando el suelo no está congelado, por supuesto. De esta manera, obtendrá control de los posibles problemas de malezas, además de que va a trabajar en más de composta para hacer que el primer suelo para la siembra de la próxima primavera.

Ahora vamos a ver esas recetas que te prometí!

Recetas para su jardín orgánico

Usted no tiene que comprar productos orgánicos producidos comercialmente para su jardín. Muchos se pueden hacer por usted con un mínimo de esfuerzo. Por supuesto, usted tiene que comprar los ingredientes, pero podemos asegurar que, a la larga, va a ser mucho más barato que la compra de esos otros productos.

Fertilizante orgánico

Para confeccionar la mezcla de fertilizante, mida todos los materiales en volumen: es decir, por la primicia, cubo, jarful, etc. proporciones que varían según el 10 por ciento de cualquier manera será lo suficientemente cerca, pero no intente hacer esta fórmula en peso. Un viejo de 5 galones cubo de plástico le permitirá revuelve hasta aproximadamente 14 litros.

Mezclar uniformemente, en partes en volumen:

4 partes de harina de semilla

1/4 parte de cal agrícola común, mejor finamente molido

Cuarta parte de yeso (o el doble de la cal agrícola)

cal dolomítica media parte

harina de hueso 1 parte, fosfato de roca o estiércol

harina de kelp 1/2 a 1 parte (o 1 parte de polvo basalto)

Granja de alimentación y de grano distribuidores son las mejores fuentes de grandes bolsas de harinas de semillas, que normalmente se utilizan para alimentar al ganado. Los demás componentes por lo general se pueden encontrar en tiendas de jardinería, aunque probablemente serán vendidos en pequeñas cantidades a precios más altos por libra. Usted puede encontrar los mejores precios de venta por correo o en Internet.

Ajo Parásito aerosol de control

Muchas culturas de todo el mundo han utilizado el ajo como remedio a los antibióticos y anti-hongos naturales. Cuando el ajo se combina con aceite mineral y jabón, se convierte en un producto muy eficaz de control de plagas.

Sin embargo, cuando se pulveriza, no es un insecticida selectivo. Puede ser utilizado para el control de la col, los saltamontes, insectos de la calabaza, la mosca blanca, sino que también afecta a los insectos beneficiosos así que ten cuidado dónde y cuando se aplica este producto.

3 oz finamente picado garlic2 cucharadita mineral OIL1 pinta water¼ oz jabón líquido

Permitir que el ajo en remojo en el aceite mineral durante 24 horas. Añadir agua y jabón líquido. Mezclar bien y colar en un frasco de vidrio para su almacenamiento. Esta es su concentrado.

Para usar: Combinar 1-2 cucharadas de concentrado en 1 litro de agua para hacer que la pulverización. Hay que tener cuidado de no hacer la solución demasiado fuerte. Mientras que el ajo es seguro para los seres humanos, cuando se combina con aceite y jabón, la mezcla puede causar lesiones hoja en plantas sensibles. Se debe comprobar siempre las hojas inferiores de las plantas primera para asegurarse de que no se ven afectados.

aceite latente

El propósito de un aerosol oleoso es de sofocar sobre invernada plagas, tales como pulgones y ácaros. La mayoría de los productos comerciales están hechas de aceite de petróleo queroseno u otro. Un enfoque mucho menos tóxico y más sostenible es el uso de un recurso renovable, tales como aceite vegetal.

1 taza de oliva2 vegetal cucharadas de agua galón soap1 líquido

COMO TENER UN HUERTO ORGÁNICO EN CASA
TÉCNICAS Y CONSEJOS PARA EL CULTIVO EN CASA

Combine el jabón y el aceite y revuelva para mezclar bien. Añadir el agua un poco a la vez, revolviendo a medida que avanza (agua y el aceite no se sabe muy emulsionar; el jabón ayuda al proceso). Verter la mezcla en un recipiente de aerosol del jardín limpio. Pulverizar una capa de la mezcla sobre toda la planta. Agitar el envase con la frecuencia que se está rociando. Esta receta es de 1 galón.

El jabón insecticida hecha en casa

El jabón se ha utilizado durante siglos como un pesticida de uso múltiple. Se rompe las membranas celulares de insectos, plagas y mata por deshidratación. La clave es no utilizar demasiado jabón, o también va a matar la vegetación cerca de las plagas. Si usted sigue las proporciones de jabón al agua en la receta de jabón de aerosol, a continuación, la vegetación debe estar bien.

1 a 2 cucharadas de jabón líquido (no detergente) de agua 1 cuarto

Combine los ingredientes en un cazo, mezclar, y luego transferir a una botella de spray según sea necesario.

Todos los fines de Pesticidas Jabón spray

raíces de olor fuerte y especias como el ajo, la cebolla, rábano, jengibre, hojas de ruibarbo, cayena y otros pimientos picantes, son todos conocidos para los insectos repelen.

Un puñado de raíces y agua spicesBoiling para cubrir las raíces y spicesSoap de pulverización (receta, arriba)

Añadir las raíces y especias para el fondo de un frasco de conservas. Cubrir con el agua hirviendo, el tornillo en la parte superior, y dejar reposar durante la noche. Colar y añadir a la

Jabón Spray. Tenga en cuenta que esto va a pudrirse, a fin de utilizar todo para arriba o sobras de congelación para otro momento.

Coloque en una botella de aerosol y se aplican a las plantas para controlar las plagas

Jugo de insecto

Aunque parece un poco macabro, considere el uso de jugo de insectos para combatir las plagas. Algunos científicos creen que las feromonas de insectos mezclados envían una advertencia a sus parientes vivos. Si bien esto ha sido probado, no es un método infalible, pero es algo que vale la pena probar!

1/2 taza de insectos molidos

Agua

Coloque los insectos en una antigua licuadora con suficiente agua para hacer una solución espesa. Mezclar lo alto y colar la pasta de papel utilizando una gasa o un colador fino. Diluido a una tasa de jugo de errores 1/4 taza a 1 taza de agua, se vierte en una botella de spray, y se aplican a las plantas.

CONCLUSIÓN

Jardinería en cualquier forma es terapéutico y relajante por no hablar de una manera de disfrutar el éxito como usted muerde en el primer tomate maduro de la temporada. Cuando se elige el camino orgánica, usted está haciendo una elección para que proteja el medio ambiente, así como a su familia, cuando el crecimiento de su propia comida.

Mientras que la mayor parte de este libro se ha dirigido hacia los huertos, los mismos conceptos se pueden aplicar a los jardines de flores. Orgánico es tan importante para la Tierra, ya que necesitamos para preservar nuestros recursos naturales y asegurar que tenemos un lugar saludable para vivir.

Trate de conseguir que sus hijos participen en la jardinería, así nutrir las plantas desde la semilla hasta la cosecha, inevitablemente, conduce a una mayor sensación de confianza, la autoestima y el orgullo. Sólo hay que ver la cara radiante de un niño que ha cosechado su primera zanahoria para apreciar el valor de esta experiencia.

El niño se faculta y se motiva por constatar que el trabajo duro y la paciencia de la satisfacción de los resultados.

Considere proveer a su hijo con su propia parcela. No lo haga demasiado grande y plantar unos pocos tipos diferentes de verduras. Nosotros sugerimos una planta de tomate, una planta de zanahoria, un par de frijoles, y tal vez una sandía. Se le enseña a su hijo valiosas lecciones valiosas, ya que tienden a su propio jardín y la experiencia de los "frutos" de su propio trabajo!

Para algunos niños la jardinería puede ofrecer más que la emoción de ver crecer las semillas y cosechar la recompensa. Para otros, ofrece la oportunidad de desarrollar habilidades que se basarían en la edad adulta, lo que podría llevar a una manía de recompensa o carrera.

Por encima de todo, la jardinería es divertido y es una habilidad que, una vez adquirida, puede ser un compañero de por vida. No es una habilidad que debe dominar para ser disfrutado, y es extremadamente adaptable a las diversas necesidades y capacidades.

La jardinería orgánica, sin embargo, es mucho más satisfactorio. La tierra que nos alimenta es algo que debemos pensar todos los días. La manera en que tratamos a que el suelo es algo más que debemos considerar - cada día.

El ciclo de vida es una cosa hermosa y todas las criaturas fueron puestos aquí por una razón - incluso las plagas de jardín! las personas naturales que quieren ciclo natural para mantener la rotación.

Los beneficios para la salud de la jardinería orgánica son muchos, pero los beneficios emocionales son mucho más. Por lo orgánico, usted sabrá que usted está haciendo todo lo posible no sólo para la madre tierra, sino también para su familia.

Todos debemos luchar por los placeres naturales que se nos han dado.

Y sí, las cosas que crecen en la tierra son uno de ellos!

!! FELIZ JARDINERIA !!